PHYSIOLOGIE

DU FLANEUR.

DESSINS PAR ALOPHE

AUBERT

PARIS.

EDITEUR, | LAVIGNE,

Ro-Dodat. | 1, rue du Paon Saint-André.

PHYSIOLOGIE

DU FLANEUR.

IMPRIMÉ PAR BÉTHUNE ET PLON, A PARIS.

Physiologie
DU FLANEUR,

PAR

M. Louis Huart.

VIGNETTES

De MM. Alophe, Daumier et Maurisset.

HB.

PARIS,

AUBERT ET CIE,
Galerie Véro-Dodat.

LAVIGNE,
Rue du Paon-St-André, 4.

1841.

CHAPITRE Ier.

Nouvelle définition de l'homme.

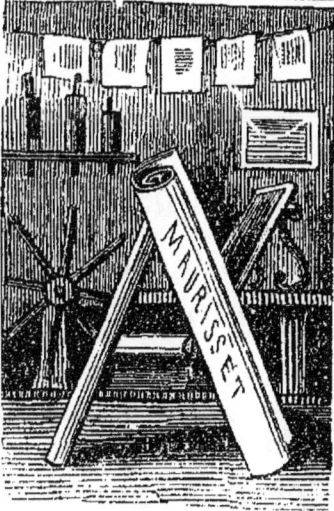

ristote, Platon, Socrate, M. de Bonald, M. Cousin et une foule d'autres philosophes et naturalistes, dont le détail serait beaucoup trop long pour vous et pour moi, ont successivement proposé de nouvelles définitions de l'animal qui est convenu de se nommer *homme*.

Les uns ont dit — que l'homme était une

intelligence servie par des organes, — ce qui me semble bien flatteur pour une foule d'épiciers, d'actionnaires et même de pairs de France.

D'autres ont tout simplement déclaré que l'homme est un animal à deux pieds et sans plumes; — ce qui, comme l'a fort bien fait observer Diogène, nous met sur le pied de la plus parfaite égalité avec un simple coq qui vient d'être plumé par un cruel rôtisseur.

Aussi Platon, pour compléter sa définition de l'homme, aurait dû ajouter que c'est un animal à deux pieds et sans plumes, non destiné à être mis à la broche : — et encore les sauvages de la mer du Sud donneraient-ils un démenti à cette opinion philosophique et gastronomique.

Beaumarchais, par la voix de Figaro, déclarait que le bipède en question ne se distinguait des autres animaux qu'en mangeant sans faim, en buvant sans soif et en faisant l'amour en tout temps.

Ceci se rapproche déjà plus de la vérité. Mais cette définition n'est pas encore totalement satisfaisante; car une foule de gens ne sont pas à même de se distinguer de la manière qu'exige

Beaumarchais : — il est beaucoup de pauvres diables qui ne peuvent pas manger, même lorsqu'ils ont faim.

L'homme s'élève au-dessus de tous les autres animaux uniquement parce qu'il sait flaner.

On peut même affirmer que c'est là sa supériorité sociale, et, malgré M. de Beaumarchais, qui cependant était un homme d'esprit, nous dirons que ce qui distingue essentiellement l'homme de la brute, oui! ce qui fait de l'homme le roi de la création, c'est qu'il sait perdre son temps et sa jeunesse par tous les climats et toutes les saisons possibles.

Étudiez plutôt les mœurs et les habitudes de tous les animaux de votre connaissance, et vous admirerez toute la justesse de cette remarque. — Après qu'ils ont pris leur nourriture : — le singe gambade, — le chien court à droite et à gauche, — l'ours tourne sur lui-même, — le bœuf rumine, — et ainsi de toutes les autres créatures qui embellissent plus ou moins la surface de la terre. Mais l'homme seul, après son dîner, achète un cigare, qu'il consent à payer quatre sous parce qu'il est mauvais, — puis il va flaner.

Donc, vous voyez bien que nous avons parfaitement raison de définir l'*homme* : — *Un animal à deux pieds, sans plumes, à paletot, fumant et flanant.*

Vous remarquerez encore que, pour se distinguer du singe qui parfois se promène dans les bois, la canne à la main, — le flaneur parisien, par un excès de civilisation, a soin de porter sa canne dans sa poche : ce n'est pas utile, mais c'est gênant. Si la différence entre ces deux animaux intelligents est peu sensible, en revanche les points par lesquels ils se ressemblent sont nombreux et saillants. — Ils ont également l'air de ne penser à rien, — de ne s'inquiéter, de ne s'occuper de rien. Ils vont tous deux à droite ou à gauche sans raison, sans but, et reviennent sur leurs pas sans plus de motifs; — tous deux regardent les femmes dans le blanc des yeux et leur font des grimaces plus ou moins amoureuses; enfin, tous deux sont remarquables par l'inconvenance de leur tenue dans les lieux publics. — Nous ne prétendons pas dire que le flaneur se permette toutes les légèretés du singe, mais rien n'est sacré pour lui; vous le voyez baguenauder dans le palais des rois, dans le temple du Seigneur, dans le sanctuaire de la justice, partout où se rencontrent des jolies femmes ou des hommes ridicules.

CHAPITRE II.

Est-il donné à tout le monde de pouvoir flaner?

R ien de plus commun que le nom, rien de plus rare que la chose! » — car il en est des flaneurs véritables tout comme des amis dont parlait La Fontaine, et si de notre définition de l'homme, donnée dans notre chapitre précédent, on concluait que tous les hommes sont appelés à flaner, on se tromperait étrangement.

Il est des infortunés qui, par beaucoup de motifs différents, sont privés de goûter ce plaisir que nous ne craignons pas de nommer celui des dieux, — car les dieux de l'Olympe eux-mêmes ne faisaient rien autre chose que de prendre une foule de travestissements pour pouvoir venir flaner tranquillement sur la terre comme de bons petits rentiers, après avoir pris leur demi-tasse d'Ambroisie, café de l'époque.

D'abord nous avons la classe nombreuse des infirmes, — on trouve peu de charme à se promener sur la terrasse des Feuillants quand on est *Quinze-Vingt*, — ou au beau milieu de l'allée des Tuileries, quand on est affligé d'une protubérance exagérée au milieu du dos ; — on court même risque de se voir arrêter à la grille par un tourlourou qui prend à la lettre sa consigne de ne laisser entrer aucun paquet.

Quand on est boiteux, on ne se promène qu'en voiture. — et, si on a le malheur d'être sourd, on court grand risque de se faire écraser sur les boulevards. — Vous voyez donc bien quel rare assemblage de qualités physiques exige le titre de flaneur, — c'est pire qu'un conseil de révision.

Quant aux qualités morales, — elles ne sont pas moins nombreuses, et nous nous en occupe-rons plus tard.

Nous allions oublier une classe de malheureux auxquels la flanerie n'est permise que pendant les mois où l'on mange des huîtres, — nous voulons parler des flaneurs affligés par la nature d'un excès de santé et d'embonpoint. —

Dès que les premiers rayons du soleil de mai viennent à percer les nuages, le flaneur obèse est le plus infortuné des hommes ! — Il veut en vain lutter contre sa destinée, à peine a-t-il fait

trois ou quatre cents pas sur l'asphalte du boulevard, que les forces trahissent son courage, et
tout ce qu'il peut faire, c'est d'aller tomber sur
le tabouret du café le plus voisin, en s'épon-
geant le front. Et pour se rafraîchir, l'imprudent se met à boire deux ou trois bouteilles de
bière, — sa perfide et engraissante ennemie.

Les gens affligés de cinquante mille livres de
rentes ne peuvent pas davantage connaître la
jouissance que procure une simple promenade
faite pédestrement dans les boues de Paris, —
ces Turcarets se croiraient compromis à tout jamais s'ils étaient un peu éclaboussés, — mais ils
sont bien punis de leur vanité par l'ennui mortel qu'ils éprouvent à éclabousser les autres.

Les lanternes de la place de la Concorde, l'arc
de l'Étoile et les arbres rabougris et poussiéreux
du bois de Boulogne doivent finir par paraître
bien monotones quand on les contemple trois
cent soixante-cinq fois par an du fond du lan-
dau, ou même du haut d'un cheval plus ou
moins arabe, — et pourtant voilà l'unique point
de vue qu'offre une promenade au bois de Boulogne. Pour se divertir de la sorte, autant vaut
n'avoir pas le sou, — mais cependant il ne faut
pas pousser la philosophie jusqu'à n'avoir que des

dettes, car alors on tombe dans un excès contraire, et qui a tout autant, sinon même plus d'inconvéniens.

Le flaneur qui a des créanciers se voit privé de la jouissance d'une foule de rues, de quais, de places et de passages. — Il faut qu'il se livre à une étude topographique toute particulière de Paris. — Il lui est interdit de passer rue de Richelieu, attendu qu'un tailleur, impatienté d'attendre quelques fonds, pourrait lui former une barricade complète, rien qu'avec son mémoire, tellement il est long.

La rue Saint-Honoré est l'asile d'un bottier féroce qui a juré de boire votre sang jusqu'à concurrence de cent cinquante-sept francs. — Fuyez la rue Saint-Honoré, si vous ne voulez pas fournir à ce cannibale altéré une limonade prise ainsi dans vos veines.

Plus loin, c'est la rue du chapelier, — puis, le passage du gantier, — etc., etc. — c'est-à-dire que l'infortuné, pour se rendre du Palais-Royal à la place de la Bourse, est quelquefois obligé de prendre la rue Grenetat et la place Royale, tellement toutes les autres rues sont pour lui parsemées de dangereuses barricades.

Si l'imprudent débiteur a souscrit des lettres

de change à un usurier, sa position devient totalement terrible, et il faut qu'il renonce entièrement à la flanerie, tant que le soleil n'est pas couché et que les réverbères ne sont pas levés.

Car il est fort peu agréable de faire dans Paris une promenade forcée quand on a sur les talons deux gardes du commerce qui emboîtent le pas, — cela peut vous mener jusqu'en haut de la rue de Clichy.

CHAPITRE III.

Des gens qui s'intitulent très-faussement cur.

ans toutes les classes de la société on trouve une foule de gens qui, pleins d'une folle présomption, ou se laissant aller à un déplorable abus de la langue française, s'intitulent flaneurs sans connaître les premiers éléments de cet art d'agrément que nous mettons de beaucoup au-dessus de la musique, de la danse, et même des mathématiques.

On a confondu tous les genres; chacun a usurpé le titre de flaneur à tout propos, comme s'il eût été question de la moindre bagatelle. Aussi le véritable flaneur, qui a pris rang dans cette classe éminemment oisive il est vrai, mais fort respectable, ose à peine s'avouer flaneur quand il voit les êtres les plus incohérents lui dire avec une prétention incroyable : Je flane.

Tous les jours vous rencontrez, ou du moins vous pouvez rencontrer sur la place Royale, des vieux petits bons hommes, occupés à manger leurs vieilles petites rentes, qui sortent de chez eux invariablement tous les jours à midi, sous le prétexte d'aller flaner.

Demandez-leur même où ils vont, et ils vous répondron' avec un petit air tout guilleret ! — Je vais flaner.

Or, cette flanerie consiste à aller s'asseoir, à vingt-cinq pas de là, sur un banc jusqu'à l'heure du dîner, en compagnie d'un, deux ou trois amis, et d'un, deux ou trois caniches. — Puis, pendant cinq heures d'horloge, ces prétendus flaneurs, au lieu de marcher, font faire l'exercice à leurs chiens, — à l'aide d'une canne qui remplace merveilleusement un fusil gisquet,

— sauf qu'elle est plus dangereuse pour peu
qu'elle soit plombée.

Puis quand Azor , Castor ou Médor a suffi-
samment fait la joie et l'orgueil de son maître,
tous deux rentrent au logis et disent avec fierté,
à la bonne prise pour tout faire : — Nous ve-
nons de flaner.

Azor serait encore celui des deux qui aurait davantage le droit de proférer cette phrase,
car de temps en temps il jette là son fusil-gis-

quet pour aller pousser quelque lointaine et amoureuse reconnaissance dans les carrefours des environs.

Quand, par hasard, le vieux petit rentier est obligé de prendre de l'exercice par ordonnance spéciale du médecin, il a toujours son même système de se faire accompagner de l'ami Azor, —de sorte que toute sa flanerie consiste à tirer la jambe, en tirant une ficelle, qui tire un chien.

Pendant l'été ces mêmes vieux Français qui

se vantent de faire partie de la nation la plus spirituelle de l'univers, — se permettent un autre genre de *flanerie*, c'est de parcourir toutes les rues du Marais, en s'arrêtant à tous les marchands de melons. Car ces hommes raffolent des melons, — quel amour propre !

Aller du vert *Cantalou* au jeune *Grosse-Côte*, puis retourne du jeune *Grosse-Côte*

au vert *Cantalou*, — tel est le programme invariable de ces flaneries melonières, — jusqu'à ce qu'enfin à force de flairer, — notre melon, — non, je veux dire notre homme, se décide enfin à faire son emplette et à rentrer triomphant dans son domicile, avec son végétal.

Bon nombre de flaneurs du dimanche peuvent être aussi parfaitement rangés dans la catégorie ci-dessus : rien de moins récréatif, — ou plutôt rien de plus récréatif, car tout dépend du point de vue sous lequel on le prend, que le tableau d'une famille, respectable mais ennuyée, se permettant pour distraction, le dimanche soir, de suivre toute la ligne des boulevards, depuis la Madelaine jusqu'à la Bastille.

Or, comme le dimanche toutes les boutiques sont fermées, les yeux ne sont récréés que par une série non interrompue de volets verts, — cette nuance est très-salutaire pour la vue, mais cependant elle finit par devenir monotone.

Aussi le respectable père de famille qui a revêtu son habit du bleu le plus barbeau, pour prouver à sa femme et à sa fille le plaisir de cette petite flanerie, ne donne pas moins d'exercice à leurs machines qu'à leurs jambes.

Voici le tableau obligé de toutes ces petites flaneries de famille.

D'autres Parisiens, non moins pères de famille, se permettent de rire beaucoup aux dépens de ces braves gens qui s'imaginent faire une promenade d'agrément, au milieu de la poussière du boulevard, et, pour ne pas tomber dans ce ridicule, ils vont tous les dimanches, bien exactement, flaner sur la butte Mont-martre.

Une fois arrivés au sommet de la montagne, ils s'essuient le front, ôtent leur habit, dé-nouent leur cravate, et s'asseoient tendrement sur une grosse pierre.

Puis, pendant trois bonnes petites heures, ils contemplent dans le lointain le dôme des In-valides et les tours Notre-Dame, — et cela, cin-quante-deux fois par an, et toujours avec un nouveau plaisir.

CHAPITRE IV.

Où l'on prouve que le flaneur est un mortel essentiellement vertueux.

E n vérité je vous le dis, — si les philanthropes modernes tiennent véritablement à améliorer les hommes et à faire disparaître de nos mœurs les assassinats, les vols, et toutes les autres malhonnêtetés que se permettent encore une foule de gens, — au lieu de prononcer de superbes discours et de fonder des prix de poésie pour les auteurs qui chantent le mieux les louanges de la vertu et de la vaccine, — il serait bien préférable d'en-

courager par tous les moyens le goût de la flâ-
nerie dans toutes les classes de la société.

Je ne plaisante pas, — mon opinion est respectable, car elle est consciencieuse, — et il
est bien certain que tout homme qui flâne est un
mortel vertueux : — pour adopter complète-
ment ma manière de voir, il vous suffira de
suivre mon raisonnement pendant quelques
minutes et quelques lignes.

A quoi songe le plus souvent un homme qui
flâne? — A rien, me dites-vous. — Cette ré-
ponse est parfaitement juste, — et en me la
faisant vous me fournissez un argument vic-
torieux pour défendre ma cause.

Du moment que notre flâneur ne songe à
rien, comme vous venez de le reconnaître vous-
même, — il ne songe pas à mal, et par conséquent dans ce brave, dans cet excellent homme
qui s'avance vers vous les mains dans ses poches, et le nez au vent, vous pouvez être certain de ne pas rencontrer un atroce gueux qui
médite le rapt de votre tabatière, ou la soustrac-
tion frauduleuse de votre foulard.

Non-seulement le flâneur n'a pas l'idée de
commettre le plus petit délit, — même fores-
tier, — mais encore on peut parier qu'il n'a

pas commis dans tout le cours de son existence
une faute qui puisse avoir fait ouvrir sur lui
l'œil de la Justice et des sergents de ville

D.

Un homme qui a des remords craint le soleil et ne sort qu'à la couleur blafarde du gaz. — Et s'il est obligé de faire quelques courses dans Paris avant le lever de la lune ou des réverbères, il se glisse rapidement dans la foule, tellement il a toujours peur de se trouver face à face avec cet autre flaneur de profession nommé sergent de ville, et qui a pour mission spéciale de voir des figures suspectes dans tous les visages qu'il rencontre.

La tête coiffée de ce tricorne municipal est pour tout coupable la tête de Méduse, — elle est même plus dangereuse encore, en ce sens qu'au lieu de pétrifier tout simplement l'infortuné, elle est ordinairement accompagnée d'une paire de bras vigoureux qui empoignent et qui ne lâchent pas.

Puis d'ailleurs, même en supposant qu'il poussât le macairisme jusqu'à ses dernières limites, et que pour lui des gendarmes ne fussent que des mortels tout simplement revêtus de culottes plus ou moins jaunes, — quel plaisir notre grand coupable pourrait-il trouver aux joies si pures de la flanerie.

Comment voulez-vous qu'un homme qui vient de commettre un crime et qui en médite un

nouveau passe une heure délicieuse à regarder
les jeux innocents des enfants aux Tuileries,

puis, de là, passe soixante autres minutes non moins délicieuses et encore plus in-
nocentes, — à regarder les ébats des petits poissons rouges du bassin des Tuileries.

C'est impossible, — c'est de toute impossi-
bilité ; — ce qu'il faut à ces hommes abrutis,

ce sont des plaisirs plus abrutissants encore. — Ils ne flanent qu'autour des comptoirs des marchands de vins, — en ayant soin de ne boire que de l'eau-de-vie.

Le flaneur, bien loin d'être un voleur, est au contraire très-souvent un volé. — Susse, Martinet et Aubert sont fort innocemment, du reste, les complices d'une foule d'industriels qui déjeunent du foulard et dînent de la tabatière.

Il est très-difficile d'avoir les yeux à la fois sur une caricature et sur sa poche, — à moins de partager et de ne consacrer qu'un œil à chacun de ces deux objets, mais c'est gênant et on a l'air d'être affecté d'un effroyable *strabisme*. — On concentre donc toute son attention et tous ses organes visuels sur le même carreau, et, pendant qu'on est en train de rire d'une caricature de Daumier représentant une des floueries de l'illustre Macaire, on est soi-même floué d'un foulard et de tous les accessoires qui peuvent se trouver dans la même poche, y compris la bourse. Alors, pour peu que notre flaneur soit nerveux et enrhumé du cerveau, il entre dans une colère épouvantable contre les êtres assez pervertis, assez dénaturés pour voler les foulards de leurs semblables, — et il souhaite

voir tomber sur la tête du coupable toutes les

peines les plus sévères ; — l'échafaud lui semble même une punition très-douce dans le premier moment.

C'est ce qui fait que par la suite le flaneur n'a jamais la moindre pitié des voleurs que l'on arrête, et si le coupable, donnant un croc en jambe à la Justice et au garde municipal, parvient à prendre la fuite, — notre flaneur est capable de se mettre à sa poursuite comme un vulgaire gendarme, — tellement il a encore sur le cœur le foulard qu'il a de moins dans la poche.

MORALE. — Tout flaneur est un mortel vertueux.

CHAPITRE V.

Le musard.

ous prions instamment nos lecteurs de ne pas confondre dans la seule qualification de flaneur tous les gens qui sont indignes de se parer d'une si belle épithète ; et nous appelons aussi sérieusement l'attention sur les diverses variétés suivantes de gens qui, au premier abord, ont aussi l'air de flaner, mais qui sont cependant privés d'une ou plusieurs des qualités requises.

Le premier de ces faux flaneurs est le *musard*. Il y a une aussi grande différence entre le musard et le flaneur qu'entre l'homme vorace et le gastronome.

Le musard met trois heures pour se rendre de la porte Saint-Denis à la porte Saint-Martin, — c'est bien, — et au premier abord on peut même se laisser aller, — donc c'est très-bien, — mais le musard a dépensé d'une manière déplorable et quelquefois même stupide ces trois heures et ces trois cents pas; pendant qu'il se livre à cet exercice monotone, ne vous figurez pas qu'il ait rien vu, rien remarqué, rien entendu; il a marché durant soixante minutes — et voilà.

Au lieu de s'arrêter devant les boutiques ornées des plus jolies marchandises et surtout des plus jolies marchandes, il sera resté trente-cinq minutes devant l'établissement du *Père-la-Galette*; — et il aura regardé couper des morceaux de pâte ferme, en tenant grandement ouverts les yeux et la bouche; — mais du reste en ne songeant à rien, ni aux jeunes grisettes, qui venaient faire leur petite emplette étouffante, — ni à l'admirable sang-froid du père *Coupe-Toujours*, — ni même à sa pâte ferme elle-même. Quand on a détaillé ainsi quarante-cinq mètres (nouvelle mesure) de la susdite pâte ferme devant lui, il se décide à continuer son chemin.

Puis tout à coup notre homme se laisse entraîner par la foule qui se porte à dix pas plus loin, et il assiste à un duel entre deux rivaux d'amour ou d'os.

Si ce combat se prolonge pendant trente minutes, il restera là pendant trente minutes, non pas que ça l'intéresse vivement ou que ça l'amuse beaucoup; mais, comme le musard se trouve là, il y reste.

Il lui faudrait, pour se déplacer de nouveau, une force d'âme et des jambes qui lui manquent absolument.

Si, par hasard, le musard assiste au drame palpitant d'un serin que l'on cherche à faire rentrer dans sa cage, il en a pour toute son après-midi ; — bien différent en cela d'un flâneur intelligent qui n'accorderait au serin qu'un petit quart d'heure, et qui encore consacrerait au moins quatorze minutes de ce temps à lorgner toutes les jolies femmes attirées à la fenêtre par cet événement important.

Le musard ne rentre dans son logement qu'après que le serin lui en a donné l'exemple.

Le musard est le fléau des artistes, chez lesquels il a ses entrées. — Dès qu'il arrive, il s'installe dans un fauteuil, à moins qu'il ne se couche sur le divan ; et, se mettant à allumer

son cigare ou plutôt ses cigares, — il fume,
cause et bâille pendant toute une journée; —
toujours en vous disant de ne pas vous gêner
et de travailler comme s'il n'était pas là.

Ce qu'il y a de bon, ou, si vous aimez
mieux, — ce qu'il y a de mauvais, c'est que

le musard apporte dans ses discours la même déplorable infirmité que dans ses flaneries : — il reste toujours en chemin.

S'il entreprend de vous raconter une histoire, vous pouvez être 'sûr qu'il n'arrivera même pas jusqu'au milieu ; et quelquefois même il s'endort au moment où votre curiosité commençait à s'éveiller. — Mais laissez-le dormir bien tranquillement pour peu que vous teniez à son repos et au vôtre.

Le musard est du reste un homme assez heureux ; car, grâce à ses habitudes lambines, il ne se marie presque jamais, attendu que toutes les fois qu'il a l'intention de demander une demoiselle en mariage, il est toujours arrivé trois semaines après qu'on avait accordé la jeune demoiselle à un autre amoureux beaucoup plus leste.

Mais si par hasard il se marie, le musard n'en est pas moins heureux encore, — attendu qu'il ne surprend jamais sa femme en *conversasation anglaise et criminelle*, — vu toujours qu'il ne rentre chez lui que deux bonnes petites heures après celle où on l'attendait.

Il est arrivé cependant que le musard reste en place plus long-temps qu'il ne le voudrait,—

c'est lorsque, flânant trop étourdiment ou concentrant trop vivement son attention vers un feu de cheminée ou sur un serin envolé, — il s'enfonce jusqu'au jarret dans un trottoir orné nouvellement de bitume.

Mais, avec du temps, des soins, de la patience, il parvient à s'en tirer sain et sauf, — moins les bottes.

CHAPITRE VI.

Le badaud étranger.

Une grande igno-rance en histoire naturelle est cause que quelquefois encore on accorde la qualification de flaneur à des mor-tels, très-vertueux du reste, mais qui ne sont que de simples badauds, nés natifs de Carpentras, de Londres, de Quimper-Corentin, de Saint-Pétersbourg.

Nous voulons parler du voyageur qui a fait cinquante, cent ou trois cents lieues pour venir visiter une fois dans sa vie les monuments de Paris, et qui, en conséquence, fait pendant huit jours un métier qui éreinterait le cheval de ca-briolet le plus fortement constitué.

Depuis le lever du soleil jusqu'à celui de la

lune, notre gaillard court dans tous les coins de Paris avec la carte sous le bras, ou au moins avec un mouchoir lithographié dans sa poche, et à chaque minute il applique sa carte ou son mouchoir sur la première muraille qu'il rencontre, afin de s'orienter dans ce labyrinthe, composé de quinze ou dix-huit cents rues, — et l'infortuné patauge complétement pour peu qu'il veuille avoir recours à l'aide des omnibus. — Parti avec l'intention d'aller admirer la colonne Vendôme, il se trouve transporté devant la colonne de Juillet, et par conséquent, il trouve que le *Napoléon*, qui a ainsi le pied en l'air et la trompette à la bouche, est bien peu ressemblant au Napoléon de ses rêves et de ses lithographies; — sorti de chez lui dans la ferme intention d'aller admirer la coupole du Panthéon, il admire de confiance celle des Invalides !

Mais après tout, c'est un petit malheur, car le badaud étranger s'est dit, le matin, en se levant : — Aujourd'hui je verrai onze monuments ! — Pourvu que le soir en additionnant il trouve bien le compte de ses onze monuments, il pense qu'il n'a pas perdu sa journée et il s'endort avec une conscience aussi satisfaite que celle de *Titus* lui-même.

A peine arrivé devant son monument , le badaud étranger prend à peine le temps de lever les yeux sur ses colonnes ou autres accessoires , attendu que sur les cinq minutes octroyées à ce dit monument, il en accorde quatre à la lecture de la description qui en est faite dans le *Guide du voyageur.* — Puis , quand il a terminé sa lecture , — il se dit en lui-même : — *des colonnes, des corniches, des entablements. Ah ! bon, je connais ça, j'en ai déjà vu tous ces jours-ci !* — Et il se dirige vers un autre monument devant lequel il lira son *Guide du voyageur* , et ainsi de suite jusqu'au soir.

Par exemple , dans les musées, le badaud étranger ne court pas trop de risque de se tromper, à moins qu'il ne cherche à s'expliquer l'exposition des tableaux à l'aide d'un livret de l'année précédente , — mais c'est assez rare, et il faut être tombé sur un marchand très-floueur, — et ils le sont presque tous avec les étrangers porteurs d'un nez candide.

Alors l'infortuné attrape une migraine atroce en cherchant à trouver le *combat de Trafalgar* au milieu d'une grande forêt vert-épinard, —ou le portrait de madame la comtesse de

B... dans un cadre enveloppant les attraits d'un capitaine de voltigeurs de la garde nationale.

Il est d'autres badauds étrangers qui, moins superficiels que leurs confrères, ne sont satisfaits que lorsqu'ils ont visité à fond tous les

monuments. — Ils ne se contentent pas de
l'extérieur, ils entrent toujours, — ils comptent
toutes les chapelles de Saint-Sulpice, — toutes
les marches de l'escalier de la colonne Vendôme , — et dans leur manie investigatrice ils
demandent même à qui l'on doit s'adresser pour
visiter l'intérieur de l'obélisque.

Pour peu qu'un mystificateur indique M. Va-tout, l'infortuné directeur des monuments publics de France se voit assailli d'une de ces lettres qui font son désespoir depuis dix-huit mois. Il a dû même subir depuis peu de temps une nouvelle et effroyable recrudescence dans sa correspondance; car probablement que c'est aussi à lui que l'on s'adresse pour obtenir l'autorisation de visiter l'intérieur du puits de Grenelle !

Parlez-moi au moins du Jardin-des-Plantes, — là tout se visite sans la moindre formalité , — sans avoir même besoin de saluer le vétéran de faction à la porte d'entrée.

Alors le badaud étranger consomme tout à son aise les innombrables curiosités du lieu. Il compte avec soin tous les cailloux de la galerie minéralogique, toutes les herbes plus ou moins exotiques du cabinet d'histoire naturelle , il calcule combien on pourrait faire de boutons de chemises avec les défenses de l'éléphant.

Par exemple, au Jardin dit des Plantes , par ce qu'on y cultive beaucoup d'animaux, — il est dangereux d'être distrait en même temps que badaud; car les éléphants , malgré leur intelligence, ont quelquefois l'étourderie de prendre le bras d'un visiteur pour un simple objet de divertissement.

CHAPITRE VII.

Le batteur de pavé.

royez-vous que la flanerie n'appartienne qu'aux fonctionnaires publics, aux rentiers, aux avocats sans cause, aux tourlourous, en un mot aux hommes de loisir? Pensez-vous qu'elle soit pour tout le monde, comme pour vous, un sujet de distraction, un moyen de dépenser le temps? ce serait méconnaître le caractère industriel de votre siècle, faire injure à l'intelligence de vos concitoyens.

Certes! dans un pays avancé comme le nôtre, dans une ville où l'eau, l'air, le feu, la terre, l'amour, l'honneur, l'esprit et la matière se vendent, se louent et s'exploitent de toutes façons, la flanerie devait s'utiliser d'une manière quelconque, fournir à quelques-uns le moyen de lever un impôt sur beaucoup d'autres, but philosophique vers lequel tendent toujours les progrès de la civilisation.

De cette idée profonde d'économie politique est né le *batteur de pavé*, famille variée dans ses espèces, classe riche en besoins, et surtout respectable... par le nombre ; car elle se compose à Paris de ces 30,000 consommateurs qui se lèvent sans savoir comment ils dîneront, dans quel lieu ils coucheront. Problème qui, suivant le calcul des probabilités, a pour solution :

Dîné, — aux dépens du prochain.

Couché, — idem.

Mais qui, dans les jours néfastes, se résout ordinairement ainsi :

Dîné, — zéro.

Couché, — au violon.

Vous dire toutes les nuances de l'espèce serait trop long, et demanderait plus de travail que nous n'en voulons mettre, moi à écrire et vous à lire cet opuscule ; choisissons seulement quelques-uns des plus remarquables.

Cet ami intime que vous ne connaissez pas,

mais que vous rencontrerez dans tous les lieux publics, qui vous sourit toujours, vous salue de la main, et finit, ou plutôt commence un jour par vous emprunter vingt francs : c'est un batteur de pavé !

Cet homme qui entre dans une boutique en courant, d'un air très-affairé, et qui dit au bonnetier, au mercier, dont il vient de lire le nom sur l'enseigne : « Mon Dieu ! monsieur Barnabé, je suis votre voisin ; je demeure là, au n° 26. Je viens de faire un petit achat ; il me manque cinq francs. Je ne voudrais pas remonter chez moi ; voulez-vous me faire le plaisir de me les prêter : batteur de pavé !

Ce monsieur au maintien décent, à l'air vénérable, qui se présente orné d'un ruban rouge et d'une tête chauve, collecteur officieux d'aumônes pour les victimes de l'inondation, de l'incendie, ou de tout autre malheur à la mode ; c'est un batteur de pavé, vos aumônes passeront de ses mains dans celles d'un croupier de tripot.

Ce Polonais de Strasbourg, cet Espagnol de Pézenas, ce Napolitain de Turin, tous ces nobles étrangers de contrebande qui font appel à vos libéralités : batteurs de pavé.

Et ce pauvre diable, crasseux, râpé, délabré, qui parcourt d'un air inquiet les affiches de restaurant :

DÎNERS A 17 SOUS.

Trois plats, un carafon de vin et un dessert.

DÎNERS A 23 SOUS.

Quatre plats au choix, une demi-bouteille de vin de Mâcon, dessert et pain à discrétion.

Et qui, tout bien considéré, attendu qu'il lui manque pour dîner 17 sous ou même 23 sous, se met à les chercher dans la poche des passants, soit devant l'étalage des marchands d'estampes, soit dans la foule du Musée, devant la baraque de Polichinelle ou dans toute autre réunion de badauds. Encore un batteur de pavé. C'est celui-ci qu'on nomme le *tireur*.

Nous avons de plus le *bonjourien*, qui bat le pavé à huit heures du matin, parcourt les maisons, entre partout où il peut entrer, prend tout ce qu'il peut prendre, et se retire en vous souhaitant le bonjour et en vous demandant pardon de vous avoir réveillé.

Puis, l'*américain*, qui flane à toute heure pour rencontrer une sacoche sur le dos d'un jobard, auquel il demande en baragouinant l'échange de deux écus contre une guinée d'or, échange que le jobard accepte, soit par cupidité, soit par bêtise, et dans lequel il reçoit, pour son bel et bon argent, du plomb, des sous dorés, ou bien des jetons en rouleau.

Enfin, dans la même catégorie, se place le flaneur nocturne, modeste fleur des grandes villes, qui ne peut supporter ni la lumière du soleil ni celle des réverbères, et ne s'épanouit

que dans l'ombre des rues solitaires, ou, per-
mettez-moi ce calembour botanique, dans les
serres du préfet de police.

Mais le batteur de pavé par excellence, c'est
ce philosophe praticien qui vit gaiement au
jour le jour, sans luxe, sans gêne, sans préten-
tions à la fortune, dégagé de tous préjugés,
s'accommodant de tout ce que rejettent les autres, mangeant peu, buvant beaucoup, et pou-
vant toujours s'écrier comme Bias :

Omnia mecum porto !

En un mot, le flaneur prolétaire, le roi du pavé, le chiffonnier français.

D.

CHAPITRE VIII.

Le parfait Flaneur.

Bonnes jambes, bonnes oreilles, et bons yeux,— tels sont les principaux avantages physiques dont doit jouir tout Français véritablement digne de faire partie du club des flaneurs quand on en établira un, — ce qui ne peut pas tarder.

Il faut de bonnes jambes pour arpenter toutes les promenades, tous les trottoirs, tous les quais, toutes les places, tous les boulevards de Paris; — de bonnes oreilles pour ne rien perdre de toutes les remarques spirituelles ou plaisamment stupides que l'on entend dans tous les groupes qui se rassemblent d'ordinaire dans les lieux publics; — enfin, il faut surtout de bons yeux pour apercevoir toutes les jolies marchandes, tous les visages grotesques, toutes les affiches baroques, et toutes les jambes fines que l'on rencontre dans le cours de ses flaneries.

Le paletot semble avoir été inventé exprès pour le flaneur; grâce à ce vêtement commode, mais taillé sur la forme d'un sac, le flaneur peut mettre tranquillement ses deux mains dans ses poches et se faufiler dans toutes les foules les plus épaisses et les moins bien composées, sans craindre qu'un voisin curieux ne vienne sonder les mystères de ces mêmes poches. — Le paletot a fait diminuer, d'une manière prodigieuse, *les vols à la tire*; vous n'êtes pas sans savoir qu'on a baptisé de ce nom l'espèce d'industrie qui consiste à tirer de toutes les poches des foulards, des tabatières, des lorgnettes, etc., etc. — Il est vrai que si le paletot a détruit en grande partie *le vol à la tire*, en revanche il a fait augmenter prodigieusement le vol orné d'assassinat; —

les industriels se sont vus obligés de dépouiller complétement le flaneur nocturne depuis qu'ils ne peuvent plus interroger tout simplement ses poches ; et, comme ils commencent l'opération en étranglant ou en assommant le sujet choisi, on voit que si le paletot a ses charmes, il a aussi ses inconvénients.

— Il n'y a peut-être que trois classes de la société chez qui l'on trouve des cœurs et des jambes véritablement dignes d'appartenir à un flaneur. — Ces trois classes se composent des poètes, des artistes, et des petits clercs d'avoués.

Quand nous disons *poètes*, nous ne prétendons pas exprimer par là qu'il faut avoir rimé des poèmes épiques, ou des *bouquets à Cloris*, — il faut avoir de la poésie, du cœur, chose plus rare encore et qui ne se trouve pas dans le *Dictionnaire des rimes* — et enfin de l'imagination,

Le flaneur compose tout un roman, rien que sur la simple rencontre en omnibus d'une petite dame au voile baissé, — puis l'instant d'après il se livre aux plus hautes considérations philosophiques, sociales et humanitaires, en admirant tous les prodiges que l'éducation peut obtenir de

simples hannetons qui se battent en duel comme
de véritables Saint-Georges.

Les artistes sont d'autant plus flaneurs, que
pour eux la promenade est un véritable besoin,
— car lorsqu'on a passé cinq heures à son bureau ou à son chevalet, on éprouve un agrément
d'autant plus grand à faire l'école Buissonnière,
après le travail, ce que du reste on se permet
quelquefois même avant le travail.

Puis, les artistes , grâce aux entrées dont ils jouissent, se livrent à des flaneries toutes particulières dans les théâtres,—soit en allant lorgner toute la salle de l'entrée de l'orchestre ,

oit en faisant des cancans dans les coulisses vec tous les jeunes *Rats* de l'endroit,—et Dieu

soit si les coulisses sont l'asile des rats canca-
niers, — surtout à l'Opéra.

Puis à onze heures, au lieu d'aller se coucher comme un vulgaire garde national, le flaneur va encore faire une petite station dans un des nombreux *Divans* où l'on fume du tabac oriental du Gros-Caillou.

Puis enfin même, quand il doit, le flaneur est encore parfaitement heureux ! Car au lieu de rêver *fortune, bataille, chien* ou *chat*, il rêve... qu'il contemple la marche du bœuf gras,

la descente de la Courtille, une procession quelconque ; enfin il rêve... qu'il flane !

CHAPITRE IX.

Le Flaneur militaire.

l eût été plus logique de commencer ce petit livre par le chapitre du *Flaneur militaire*, puisqu'il résulte de toutes les statistiques que, sur un chiffre de 400,000 hommes, l'armée française fournit 393,000 des plus intrépides flaneurs, et peut-être faudrait-il encore rétablir le chiffre retranché sous prétexte qu'il figure le nombre des malades; car l'hôpital est plus souvent un lieu de refuge contre la corvée, un moyen d'obtenir la soupe au beurre, un palais de délices enfin et de flanerie particulière, qu'un asile pour la véritable souffrance.

Le militaire est incontestablement, par-dessus tout et plus que tous, musard, badaud, gobe-mouche, et cela ne doit surprendre personne ! Que voulez-vous que ces 400,000 pauvres diables fassent dans une paix profonde? A moins de s'entre-dévorer comme les brochets d'un étang ou d'occir les pékins, il faut bien que des gens dont le métier est de tuer tuent au moins le temps, le seul ennemi d'ailleurs qui puisse triompher du guerrier frrrrrrrançais. Aussi ce malheureux vieux en voit-il de cruelles avec de tels gaillards ; cavalerie, infanterie, artillerie, toutes les armes, tous les grades, depuis le maréchal de France jusqu'au simple Jean-Jean, tout ce monde l'attaque à sa manière et lui fait une guerre acharnée.

Le maréchal, obèse et goutteux, se retranche dans ses titres, ou attend l'ennemi dans son fauteuil.

Le général, plus ingambe, le poursuit dans les antichambres de la cour et surtout dans les bureaux du ministère.

Le colonel l'aborde à la bayonnette dans le bois de Boulogne, dans les cercles, dans les foyers des théâtres royaux et le pourchasse jusque dans les ruelles des lionnes à la mode.

Quant aux chefs d'escadron ou de bataillon, ils l'assiègent chez le restaurateur, à table d'hôte, dans les banquets, les repas de corps, et font main basse sur les ravitaillements ; la gastronomie est le divertissement privilégié des grosses épaulettes aussi bien que de la haute finance. N'est-il pas de bonne stratégie d'enlever le plus de vivants possible à l'ennemi.

Capitaine, lieutenant et sous-lieutenant lui livrent un rude assaut à grands coups de pipes, de cartes, de dominos et de queues de billard, et autres projectiles de même matière également funeste à la *théorie*, l'évangile du parfait troupier, sans préjudice bien entendu de la cour assidue que le corps d'officiers fait régulièrement à la limonadière la plus jolie et la plus voisine du quartier, de façon à concilier l'amour et la discipline.

A l'aide d'un carottage (1) habilement ex-

(1) Le carottage est une sorte d'impôt indirect qui porte sur le père, la mère, le frère, la sœur ou sur tout autre parent affectionné du soldat, il porte encore sur les fournisseurs de la compagnie et sur la naïveté du conscrit qui débarque au régiment.

ploité, le sous-officier, à l'exemple de ses supé-
rieurs, s'exerce bravement au maniement des
mêmes armes.

Mais le vrai flaneur, c'est le bon, le pur tourlourou.

Hâtons-nous de le dire à sa louange, le piou-
piou est le symbole de la plus parfaite innocence,

le modèle de la simplicité du premier âge ; sobre comme le modeste compagnon de son enfance, dont le braiement ravive ses souvenirs du pays et de la payse ; patient comme le chameau qui l'attend sur les sables de l'Afrique ; chaste comme un saint de bois ; rangé comme une demoiselle qui l'est encore (rangée). — Ce n'est pas lui qu'on voit dépenser ses forces en plaisirs scandaleux, jeter son or aux courtisanes, aux croupiers de la roulette, ou bien, tombant dans un excès opposé, empiler ses écus, thésauriser, tarir les sources de la fortune publique. Non, non, ce n'est pas lui qui gaspille les finances du pays, et, si la patrie, toujours grande et généreuse envers ceux qui la servent, lui fait la munificence d'un sou net par jour, ce sou il le rend noblement à la circulation, et entretient par une sage répartition de son revenu la richesse dans toutes les branches de l'industrie et des arts. C'est ainsi qu'il encourage l'industrie par l'achat d'une pipe de terre ; l'agriculture, par une consommation modérée de pommes de terre frites ; et les arts, par la libéralité d'une fraction de ses cinq centimes en faveur de cet homme qui, à force d'études préparatoires, est arrivé à avaler des lames de sa-

bre, des manches de râteau et des brancards de
calèche.

Mais il espère bien, dans son amour éclairé
du progrès, que l'art ne s'arrêtera pas toujours

à la poignée du sabre et à l'avant-train de la voiture. Pénétré d'ailleurs de cette vérité (dont l'intention prouve à quel point il possède le sentiment de l'art) que les applaudissements de la multitude, les bravos de la foule, ce que le saltimbanque appelle L'HONNEUR DE VOTRE PRÉSENCE, est un stimulant bien préférable au vil métal, le piou-piou accorde *l'honneur de sa présence* à tout ce que Paris compte de savants, — les physiciens des Champs-Elysées, — les marchands de vulnéraire, les lavatériens qui disent la bonne aventure, etc. ; — à tous les praticiens célèbres, les extirpeurs de cors, de durillons, de dents et autres difformités ; — à tous les arts et à tous les artistes, la danse de corde, l'assaut de savate, Polichinelle, la lanterne magique, le singe balayeur, l'âne savant, l'escamoteur, et surtout Bobèche, le grand Bobèche, ce roi de la parade, mort il y a plus de vingt ans au moins, dont le nom passera de queue rouge en queue rouge jusqu'à la postérité la plus enfoncée.

Le piou-piou encourage encore, et toujours par *l'honneur de sa présence*, les études chimiques du dégraisseur en plein vent, — celles du marchand d'allumettes allemandes enfin, mais l'artiste dont il préfère le talent, l'artiste dont la grâce, la souplesse et les poses voluptueuses enivrent tous ses sens, c'est... la femme forte.

Cette femme incomparable, la gloire de son sexe, qui a fait, ainsi qu'elle le dit avec simplicité, l'admiration des puissances étrangères et de notre Saint-Père le pape.

CHAPITRE X.

Le gamin de Paris.

amilier, rieur, goguenard, paresseux, gourmand, aimant le spectacle comme un Romain, et par-dessus tout, flaneur, oh ! flaneur avec amour ! Telles sont les qualités distinctives du gamin de Paris. C'est sous ce dernier aspect, principalement, que nous le considérons ici.

Vous comprenez que le gamin, comme nous l'entendons, c'est l'apprenti, l'enfant sans instruction, sans tenue et sans argent, qui, oubliant tout à fait la commission dont il est chargé, vague dans les rues, flane aux devantures des boutiques, fait des grimaces aux marchandes, des niches aux passants, aigrit le caractère des chiens et parcourt gaiement la capitale assis sur le marchepied postérieur des voitures. C'est l'amateur passionné du pruneau, du raisin sec, de la mélasse, de la cassonnade, du raisiné et de toutes ces succulentes choses dont l'épicier cupide ne veut absolument se dessaisir que pour du numéraire.

Or, nous l'avons dit, le numéraire est le côté faible du gamin ; c'est à lui surtout qu'on peut appliquer le mot d'un des plus célèbres philosophes de l'antiquité sur le gamin d'Athènes. Il est friand, mais en revanche il est pauvre — maxime peu récréative pour lui ; heureusement il se trouve dans la nature une loi de pondération en vertu de laquelle les parties faibles tendent toujours à s'équilibrer avec les parties fortes : l'esprit et la ruse viennent remplacer le numéraire, et l'équilibre s'établit.

Ainsi, le gamin, alléché par l'odeur tentatrice du chocolat, de la réglisse ou de la confiture, passe-t-il devant l'étalage d'un de ces heureux de la terre ?

Tous les rayons de son intelligence conver- gent sur un seul point, — posséder une partie quelconque de ces richesses. Il laissera, par exemple, tomber son pain dans la gêlée de groseille et s'excusera de *l'accident*; — ou bien il marchandera les pruneaux, les figues, le sucre, les noisettes, goûtant, à chaque question de prix ou de qualité, l'objet qu'il marchande, et finissant par renvoyer son achat à un jour indéterminé.

Cependant, si l'épicier, qui vit avec le gamin dans la perpétuelle position d'un bœuf aiguillonné par une mouche, s'oppose à cet exercice gratuit des fonctions de dégustateur, — ou bien, si les tendances digestives du gamin le portent vers la galette, car il n'est pas exclusif et sait apprécier la valeur des farineux, — s'il éprouve un vague désir de *flan*, ou de tout autre comestible qu'il n'est pas possible de goûter sans l'acheter, oh! alors, les idées de paresse sont repoussées avec perte, chassées honteusement; notre gamin devient travailleur..... travailleur accidentel, comme le lazaroni napolitain.

Descendez-vous de cheval, il s'offre pour tenir la bride en votre absence. — Votre voiture s'arrête-t-elle, il accourt, met le pan de sa veste sur la roue boueuse et vous aide à franchir le marchepied; — il porte le pot de fleur que vous venez d'acheter pour *elle*; — il guide l'étranger qui cherche la poste aux lettres, son hôtel, la Bourse, ou tout autre établissement public ; — êtes-vous retenu par un orage sous

la porte cochère , il court chercher pour vous

une voiture ; enfin , il fera tout pour obtenir de ses concitoyens les *cinquante* centimes nécessaires à son bonheur , après quoi il redevient, non le lazaroni italien , dormeur et nonchalant , mais le lazaroni français dont nous avons dit le caractère en commençant le chapitre.

Il ne dort pas , il se promène toujours, fait des poires sur les murailles, joue des claquettes, et finit sa journée comme il l'a commencée, en flanant.

Le soir venu, c'est chez madame Saqui, c'est à l'Ambigu, à la Gaieté ou au Cirque-Olympique que vous retrouverez le gamin, toujours rieur, toujours goguenard, interpellant les acteurs, leur disant de parler plus bas, de parler plus haut, appelant *Titi* et lui demandant d'un bout de la salle à l'autre s'il a tout mangé la galette, réclamant à grands cris l'expulsion des *geondarmes* (gendarmes), s'emparant de la police de la salle en intimant aux femmes d'enlever leurs châles accrochés à la balustrade, en ordonnant aux hommes de faire *face au parterre*. Là il trône, là il est maître souverain, et celui qui ne l'aurait pas vu aux théâtres du boulevard ne connaîtrait certainement pas le véritable gamin de Paris.

Les accidents, les exécutions, les émeutes, les fêtes publiques, nationales, royales ou n'importe quoi, sont encore ses points de réunion : il grimpe aux mâts de cocagne, sur les arbres, sur les voitures, sur les colonnes de réverbères ; il grimpe partout, se fourre partout, voit tout, et, comme nous le disions, il aime tellement les spectacles de quelque genre qu'ils soient, que, pour jouir de cette vue, il oublierait tout dans ces jours mémorables, tout, peut-être même la galette et le raisiné.

CHAPITRE XI.

Les petits bonheurs de la flanerie.

O trottoirs, asiles de la boue et des flaneurs, je vous salue ; tous les moments les plus heureux de ma jeunesse très-blonde se sont écoulés sur vos dalles, votre granit, votre bitume, ou votre asphalte !

Car j'ai long-temps flané, et, je l'espère, je flanerai long-temps encore.

Aussi, puis-je vous parler savamment des petit bonheurs spécialement réservés à cette profession.

Règle générale, ne flanez jamais passé minuit. —Une journée est assez longue quand on sait bien l'employer, et rien ne vaut la clarté du soleil pour observer les mille détails qui se présentent à chaque pas sous les yeux du flaneur. Ce n'est pas le soir, à la vacillante lueur des reverbères, que l'on peut lire toutes ces délicieuses affiches, rouges, jaunes, blanches, vertes, coquelicotes, qui tapissent toutes les murailles de Paris ; — les dîners *complets*, à 25 sous, à 18 sous, à 13 sous même, qui se pavanent à côté de la *Pommade des Chamcaux*, ce qui ne veut pas dire précisément que ces quadrupèdes se servent de ce genre de cosmétique ; — on la nomme *Pommade des Chameaux* parce qu'elle est faite avec de la graisse de mouton et qu'elle est à l'usage des dindons. — C'est clair. — Du reste, ce précieux cosmétique fait pousser énormément les cheveux dans la quatrième page des journaux ! Plus loin l'affiche du docteur Charles Albert coudoie l'affiche du *bouillon-aveugle-hollandais*. — Ce bouillon a pour nom de famille *Hollandais*, parce qu'il est fabriqué à Paris, et il a été baptisé du sobriquet d'*aveugle*, parce que, même à l'aide des verres les plus grossissants, les naturalistes n'ont jamais pu découvrir, sur la surface de ce bouillon, le plus petit *œil*. — Malheureusement, si ce Hollandais est aveugle, il n'est pas toujours parfaitement chauve. — Ici on voit l'annonce du *Racahout des Arabes*, bon pour le mal de dents; plus loin on aperçoit le *Paraguay-Roux*, déjeuner habituel des sultanes orientales ! Enfin quand il arrive devant une muraille couverte d'affiches, le flaneur en a pour deux bonnes petites heures, c'est à rendre jaloux le sultan *Schahabaham* qui, pour se divertir, est obligé de regarder pendant trois heures les mêmes petits poissons rouges.

Quelques individus, flaneurs incomplets par conséquent, dédaignent les petites joies de l'affiche parisienne, et reportent toutes leurs sympathies sur les carreaux des magasins de modes et de lingeries. Nous pardonnons l'affection pour la marchande de modes, tous les goûts sont dans la nature, mais nous pensons qu'il ne faut pas pousser cette affection jusqu'au fanatisme. — Nous ne voulons pas répéter tous les cancans que l'on débite dans la société sur le corps des modistes; on va jusqu'à dire que ces demoiselles se permettent quelquefois d'avoir huit à dix amants par tête. — On est si méchant! — Il ne faut jamais croire que la moitié de ce qu'on dit.

Le flaneur a donc parfaitement le droit de

suivre de l'œil la jeune modiste. qui, sous le nom de *Trottin*, va porter à domicile de charmants petits chapeaux et des amours de petites capotes ; mais il faut toujours y mettre de la réserve et de la discrétion.

N'imitez pas ces grossiers personnages qui suivent les femmes d'une manière effrontée ; une pareille conduite est justiciable de toutes les bottes vraiment *frrrrrançaises*. — Au lieu de marcher sur les talons de la vertu, établissez-vous le défenseur, le protecteur de cette même vertu effrayée, qui vient se réfugier auprès de vous, comme une pauvre colombe palpitante, pour échapper aux poursuites de ces hommes ignobles qui insultent toutes les femmes.

Depuis quelque temps surtout, bon nombre de vieux roquentins se mêlent de poursuivre ainsi de leurs propos, plus qu'anacréontiques, et cela en plein jour, les jeunes femmes qui se hasardent dans les rues de Paris sans cavaliers. — La vieillesse a droit à une foule d'égards ; mais c'est quand elle donne l'exemple de toutes les vertus, et qu'elle ne cache pas ses cheveux blancs sous une perruque blonde, — qui la plupart du temps est rousse.

La vieillesse flaneuse doit avoir des plaisirs plus vertueux ; elle fait bien mieux de parcourir tranquillement tous les quais pour bouleverser l'étalage de tous les marchands de bouquins.

Un des grands plaisirs du flaneur c'est d'apprendre gratis une foule de nouvelles vraiment extraordinaires, et comme n'en donnent pas les gazettes les plus célèbres par leurs *canards*.

Il n'est pas de journaliste qui ne soit éclipsé en ce genre par les crieurs et surtout par les crieuses de nouvelles.

On sait que ce n'est pas vrai ; mais ça fait toujours plaisir, — absolument comme quand on lit un journal.

Il n'est pas jusqu'à une flanerie dans la triste salle des *Pas-Perdus*, au Palais-de-Justice, qui n'ait son côté amusant, — surtout si on n'a pas le moindre procès.

D'abord on a l'agrément de voir une foule de têtes d'avocats toutes plus baroques les unes que les autres; — puis on a l'agrément non moin grand de se féliciter de n'avoir rien à démêler avec les gens de justice : — vous voyez donc bien qu'il a deux plaisirs pour un.

Enfin nous n'en finirions pas si nous voulions

énumérer tous les petits bonheurs de la flanerie parisienne ! — Le flaneur est le seul homme heureux qui existe sur la terre, on n'a pas encore cité l'exemple d'un seul flaneur qui se soit suicidé ; et si jamais notre homme arrive auprès d'un puits, eût-il même pour l'instant quelques idées un peu tristes, au lieu de songer à se précipiter la tête la première dans ce gouffre béant et humide, il se console tout à coup en crachant dans l'eau et en faisant des ronds pendant une heure, une heure et quart.

O flanerie, flanerie, ne trouveras-tu donc jamais un poète pour te chanter dignement !

CHAPITRE XII.

Les petits malheurs de la flanerie.

Monsieur, vous avez déjà pu remarquer, avec le célèbre Bilboquet, — que tout n'est pas rose dans la vie, et que tout n'est pas jasmin dans l'existence.

Car sans compter la fièvre, les rhumatismes, les billets de garde, la colique et les concerts d'amateurs, l'homme est exposé à une foule de petits malheurs qui, à vrai dire, ne sont que des coups d'épingle, mais qui, renouvelés chaque jour et multipliés à l'infini, deviennent encore plus désagréables qu'un simple et bon coup de poignard (si toutefois il y a des coups de poignard qui soient bons !).

C'est surtout le Parisien qui est exposé à une énorme quantité de petits malheurs dont l'existence n'est même pas soupçonnée en province. — Aussi n'hésitons-nous pas à proclamer bien haut que l'homme qui habite la province est beaucoup plus heureux que le mortel qui habite Paris, — pour peu qu'il aime la province et qu'il déteste Paris.

On pourrait faire un gros volume avec les petits accidents de la vie parisienne, — mais rassurez-vous, nous ne le ferons pas, — nous indiquerons seulement les principales catastrophes qui viennent émailler l'existence des flaneurs de la capitale.

La plus vulgaire, mais non pas la moins poignante de ces émotions, est celle qu'éprouve l'homme qui, sorti de chez lui pour aller dîner en ville, a revêtu son Elbeuf le plus soyeux, son chapeau le plus lustré et ses bottes les plus vernies, ou qui pousse quelques soupirs sous les fenêtres d'une beauté à l'œil noir ou bleu, suivant que l'on affectionne l'une ou l'autre ne ces nuances.

Vous n'êtes plus qu'à deux pas de la maison du potage ou de la beauté, — vous avez sautillé délicatement comme un moineau franc sur tous les pavés les plus larges, votre pantalon n'a pas attrapé un atome de boue, — vous pourriez mirer votre menton dans le miroir de vos bottes, et faire ainsi admirablement votre barbe, sans que la position fût gênante, — et le zéphyr lui-même n'a pas dérangé la plus légère boucle de votre chevelure, ou de votre toupet, si vous êtes affligé de cette infirmité, — bref vous êtes enchanté de votre tenue et vous regrettez de n'avoir pas devant vous une immense glace de Venise pour vous admirer des pieds à la tête, — lorsque tout à coup la roue d'un cabriolet, de Lion parisien que vous étiez à l'instant, vous transforme subitement en un tigre du Bengale.

Vous maudissez les dieux, les cieux, — et surtout celui du cabriolet.

Vous êtes altéré de vengeance, vous voudriez boire du sang, beaucoup de sang, — vous éclipsez Robespierre et Néron, vous voudriez pouvoir trancher d'un seul coup les têtes de tous les cochers de cabriolet de Paris, — puis, revenant à des sentiments plus humains, vous finissez par donner trente sous au premier cocher de cabriolet que vous rencontrez pour qu'il vous reconduise tout simplement chez ous, de crainte d'être ramené de force au Jardin-des-Plantes et des tigres par un sergent de ville, commettant une méprise en histoire naturelle, méprise très-pardonnable du reste!

Un autre malheur non moins déplorable et encore plus humide est réservé au flaneur qui a la faiblesse de croire aux omnibus les jours de pluie, et qui, surpris par une averse diluvienne, se mettrait à courir après cette arche de Noé à six sous.

Pour peu qu'on ait la vue basse ou que le conducteur soit distrait, on se livre à une course au clocher ou plutôt à une course à l'omnibus, jusqu'au lieu de la station, car jamais, au grand jamais, on ne parvient à trouver une place dans un omnibus quand on en a besoin.

Ce qu'on a de mieux à faire, c'est de prendre un fiacre, — c'est même ce qu'il y a de plus économique, car sans cela on dépense le lendemain et les jours suivants pour six francs de réglisse.

Les Forts sont aussi un sujet perpétuel de soupirs et de coups de brosse pour les badauds parisiens, — nous ne parlons pas politique, — nous parlons seulement des forts de la halle au blé et de la halle au charbon.

Ces gaillards, fiers des avantages que leur a prodigués la nature, marchent toujours dans leur force et dans leur liberté, ce qui fait qu'ils prennent la liberté d'occuper tout le trottoir. — Le flaneur qui a la folle prétention de vouloir se faufiler entre deux de ces hommes de farine et de charbon, est immanquablement aplati comme une limande prête à être mise sur le gril, — et pour que rien n'y manque, il est même saupoudré de la couche de farine obligée.

C'est désagréable sans doute, mais mieux

vaut encore se taire que de murmurer trop haut, car, après avoir attrapé du blanc, on pourrait encore attraper des noirs — sur tous les membres.

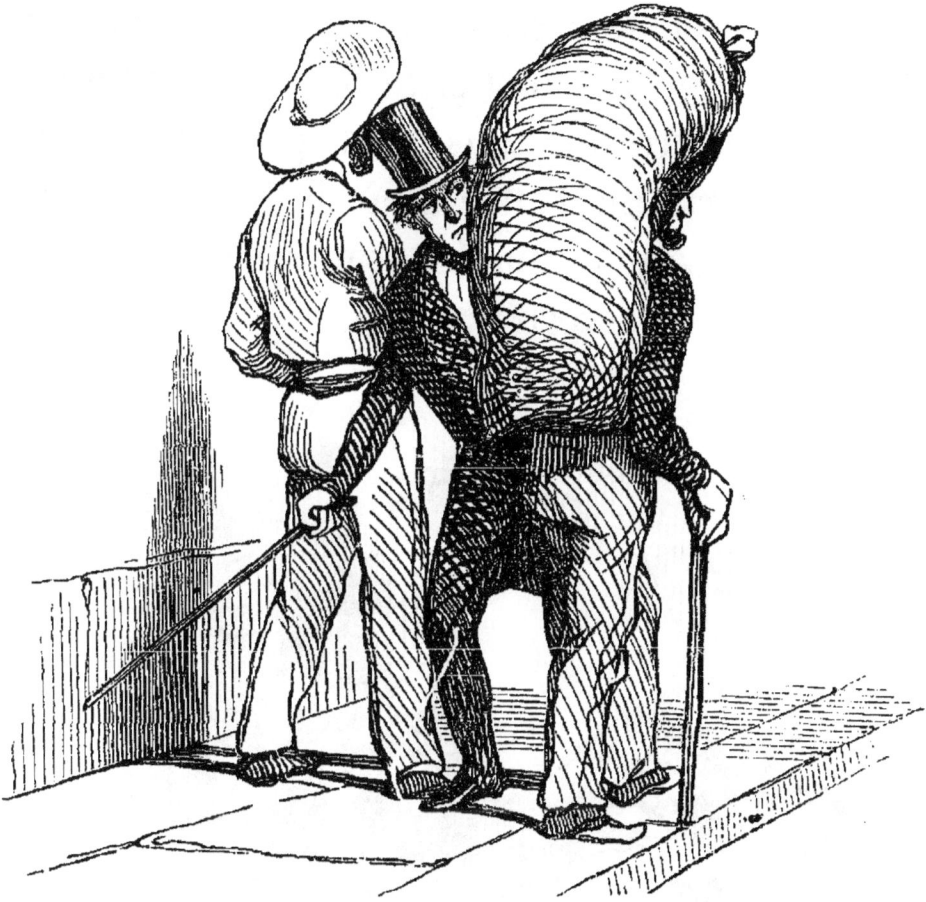

Un autre petit malheur est spécialement réservé à tout promeneur qui, à dix heures du soir, flâne le long des trottoirs des rues marchandes, telles que les rues Saint-Denis, Saint-Martin et autres.

Nous voulons parler des volets reçus dans le dos, dans le nez, et autres parties du corps. —Les garçons de boutique ou les commis de magasin chargés de la mission de confiance de clôturer l'établissement sont toujours tellement charmés d'aller se coucher qu'ils couchent eux-mêmes sur le trottoir tous ceux qui se trouvent devant la porte de l'allée d'où ils sortent leurs volets avec cette aimable étourderie qui est l'apanage du caractère français.

Puis, pour peu que l'on perde de temps chez 'apothicaire à boire plusieurs verres d'eau de nélisse et à se tâter tous les membres les uns après les autres, minuit arrive, et on s'expose, en rentrant chez soi à cette heure indue, à trébucher contre l'un des nombreux *embellissements de Paris*, qui émaillent presque toutes les rues de notre belle capitale.

Or, vous savez qu'un embellissement de Paris se compose invariablement d'un trou, d'un tas de pierres, d'un lampion, et d'un invalide couché en travers de la rue.

Quand l'invalide est poli, il ne jure pas trop après vous, — mais il se rendort tranquillement en vous conseillant de vous relever.

Enfin, vers une heure du matin, vous rentrez dans votre domicile, et, comme il est *passé ménuit*, la portière, se conformant à la Charte, qu'elle a jurée, ne vous tire pas le moindre cordon.

Mais si vous faites du tapage, la patrouille s'en mêle, et, grâce à elle, vous couchez, enfin, — à la salle Saint-Martin.

Du reste, vous devez à cette circonstance l'occasion d'une flanerie dont il n'est pas donné à tout le monde de jouir ; la flanerie de la salle Saint-Martin, espèce de place publique parfaitement pavée, complétement couverte et hermétiquement fermée, où vous rencontrez une foule de confrères en flanerie, les *tireurs*, les *bonjouriens*, les *charrieurs*, les *Américains*, etc., tous gens d'un commerce facile, peu fiers et très-familiers, qui mettent, du premier coup, les pieds dans le plat, et surtout les mains dans vos poches, gens que vous voyez là en véritable déshabillé moral et physique, sans gêne, sans art et sans fard, comme une petite maîtresse au bain, ce qui est, il est vrai, moins poli qu'instructif.

CHAPITRE XIII.

Les quais et les passages.

Pour le flaneur tous les lieux ont leur mérite : mais cependant il ne faut pas croire qu'il s'en aille au hasard, sans choix, sans préférence ; c'est bien un homme de trop de goût et d'esprit pour cela.

S'il sait parfaitement perdre son temps au besoin dans les rues désertes du Marais, dans les quartiers malsains du pays latin, il triomphe surtout dans les passages, il règne au Palais − Royal, et l'on s'écarte respectueusement devant lui sur le boulevard, le grand homme ! — on sait trop quelles précieuses pensées l'occupent pour l'en distraire. — Il passe là entre la rue Grange-Batelière et la rue de la Chaussée-d'Antin, suivant lentement le boulevard, le cigare à la bouche. L'affairé trotte à grands pas, lui jette un regard de pitié, et se dit : Cet homme fume ou perd son temps. — Double erreur! — Cet homme flane. — Admirable occupation, que tu ne connaîtras jamais, esprit étroit, qui arpentes le bitume municipal, comme s'il s'agissait d'un *steeple chasse* à travers les boulevards; car, il faut le dire, au dix-neuvième siècle, dans le siècle des lumières, des becs de gaz et des lampes plus ou moins Carcel, il y a encore des gens qui croient que le boulevard est une grande rue qui conduit de la Madeleine à la défunte Bastille, qui prennent un passage pour abréger leur chemin, et traversent le Palais-Royal pour éviter les voitures. — Ces gens-là, je le déclare à regret, ont tout mon mépris, et le flaneur partage mon opinion : ce qui nous honore tous deux.

Si l'homme affairé, cette mouche qui bourdonne dans tous les coins de Paris pour le malheur des citoyens honnêtes, est regardé comme bien peu de chose par le flaneur, il a peut-être encore moins d'estime pour le badaud avec lequel on l'a si impoliment confondu.

C'est dans les passages surtout qu'on peut juger l'abîme qui les sépare, Le badaud est là, qui regarde stupidement toutes choses, qui s'arrête sans choix devant le premier morceau de plâtre, décoré du nom de statuette ou de charge,

HB

qui dévore du regard les billets de banque

et les piles de pièces de cinq francs du changeur avec une avidité indigne de l'âme généreuse du flaneur. Que celui-ci est différent! s'il jette un coup d'œil chez Susse, du premier coup il s'arrêtera sur la plus élégante statuette de Barre, ou sur la charge la plus charmante et la plus spirituelle de Dantan. Il ne reste pas des heures entières à écouter l'accordéon qui souffle éternellement *Je vais revoir ma Normandie*, la *Folle*, ou quelque autre nouveauté du même genre; mais il verra tout d'abord la dernière caricature de Daumier, le plus nouveau débardeur de la bande carnavalesque de Gavarni.

Aussi, il faut le dire, son autorité est incontestée et respectée bien plus que celle d'aucun monarque constitutionnel ou non. Quand il s'arrête, on s'arrête à ses côtés; quand il sourit, on sourit; quand il approuve, on approuve; ce qui ne laisse pas de flatter infiniment son amour - propre. — Enfin, le passage est le séjour préféré du flaneur; c'est là qu'il mène une délicieuse existence, émaillée de cigares et de coups de coude. L'amour, le tendre amour a pour lui sous la forme des vertus sémillantes, mais un peu fragiles, des magasins de modes, des faveurs à nulles autres pareilles. — Parfois, aussi, il faut l'avouer, les susdites vertus, fortes de sa candeur et de sa générosité, lui rient au nez quand il l'allonge entre deux chapeaux; mais ce procédé peu délicat n'appartient qu'à des âmes excessivement médiocres. — Il pourrait se venger; il pourrait dire au grand brun qui vient solliciter une entrevue à la sortie de son étude, que le petit blond du magasin de nouveautés en a obtenu une le matin, à l'heure du déjeuner : il dédaigne de le faire, le grand homme !

Nous nous résumons. Sans les passages, le flaneur serait malheureux ; mais sans le flaneur, les passages n'existeraient pas. — Allez rue de Vendôme ; il y a là une espèce de grand corridor qui conduit au boulevard du Temple, le flaneur lui a refusé sa présence et son appui, et il est resté dans son obscurité et dans sa solitude. —O passage des Panoramas , passage de l'Opéra , si la reconnaissance n'était pas une chimère, on lirait sur votre fronton : — Aux Flaneurs les Passages reconnaissants !

Quand les lilas fleurissent, que les feuilles s'entr'ouvrent, le flaneur généralement a besoin de respirer les brises embaumées du printemps, de réjouir son âme du spectacle de la nature ; et il se rend immédiatement sur le boulevard où il établit son domicile politique et civil jusqu'au mois d'octobre. Mais, hélas ! chaque année lui enlève une de ses jouissances les plus chères. On a d'abord supprimé les parades qui formaient, depuis la Gaîté jusqu'à la Bastille, un véritable spectacle gratis (il est des jours de profonde mélancolie où ce mot gratis sourit particulièrement au flaneur malheureux) qui égayait sa mélancolie et chassait les noirs soucis qui parfois le poursuivent ; il disait alors : J'ai un spleen quelconque, je vais au boulevard du Crime et des saltimbanques, et il était guéri. Puis on a, sous prétexte d'embellissements, abattu les arbres qui avaient résisté à toutes les révolutions pour leur substituer des sortes de manches à balais revêtus d'une guérite verte. — La guérite est fort à la mode au point de vue de l'art et du conseil municipal ; enfin on a renversé toutes ces petites terrasses, où, chaque soir, les marchands de la rue Saint-Denis, les négociants retirés, sous l'aspect de magnifiques gardes nationaux, ou sous tout autre déguisement analogue, entourés de leurs épouses et de leurs jeunes moutards, consommaient leur bière et s'abandonnaient aux charmes de

la musique ambulante, spectacle bien capable d'égayer un esprit observateur et vertueux.

Sous prétexte d'embellissements, qu'a-t-on laissé au flaneur? Les bureaux de tabac, les marchands de contremarques et le Journal du soir : telle est à cette heure sa triple distraction ; il fume son cigare, marchande une stalle meilleur marché qu'au bureau, achète le *Moniteur parisien*; et, le cœur paisible, l'âme satisfaite, va se coucher en se disant : Je n'ai pas perdu ma journée.

CHAPITRE XIV.

Les quais, les Tuileries et les Champs-Élysées.

Si vous suivez toute la ligne des quais, depuis Bercy jusqu'aux Invalides, vous remarquerez qu'ils ne sont guère fréquentés que par de très-vieux flaneurs, qui achèvent de descendre le fleuve de la vie et celui de la Seine, en marchandant tous les vieux bouquins qui depuis un temps immémorial ont pris possession de tous les parapets.

Cependant le quai de l'Horloge, ou si vous aimez mieux des Morfondus, est, dans les grands froids, le but de la promenade de bon nombre d'autres flaneurs de tout âge, qui vont constater les degrés de froid au thermomètre de l'ingénieur Chevallier.

A cela vous me direz que tous les thermomètres du monde remplacent parfaitement celui de l'ingénieur Chevallier qui, après tout, n'est pas le seul inventeur de la spécialité, — c'est vrai, mais le flaneur n'aurait pas l'agrément de dire à ses connaissances : — Nous avons eu aujourd'hui onze degrés au-dessous de zéro, à midi ; je l'ai vu moi-même au thermomètre de l'ingénieur Chevallier.

Parlez-moi des Tuileries et des Champs-Élysées ! Voilà des lieux de promenades où l'on trouve du moins tout ce qui fait le charme des flaneurs, — nous voulons dire des femmes, des arbres, des enfants, de la foule, et Polichinelle !

Allons à la terrasse des Feuillants par la place Vendôme... Suivons les larges trottoirs de la rue de la Paix et les arcades de la rue Castiglione ; ce chemin est déjà une promenade fort agréable pour peu que vous aimiez les magasins les plus riches ; regardez à droite, à gauche, et partout vous verrez briller le luxe des boutiques ; les glaces, les marbres, les bronzes réservés autrefois aux seuls palais, ornent aujourd'hui les magasins de toute nature. Traversons la rue Rivoli, mais choisissons bien notre moment, si nous ne voulons pas être écrasés par les innombrables voitures qui se dirigent incessamment sur les environs de Paris. Ce n'est pas le seul danger qu'on ait à redouter , les voitures évitées, la vie sauvée, il faut encore sauver sa bourse, tâche assez difficile, au milieu des industriels de toute nature qui encombrent les trottoirs, depuis la barrière du Trône jusqu'à la barrière de l'Arc-de-l'Étoile, marchands de chaînes de sûreté, de vraies cigarettes d'Espagne, et le marchand de papier à lettre qui vous poursuit partout de son éternel *six feuilles pour un sou.*

Nous voici enfin arrivé à la grille des Tuileries devant deux sentinelles dont la consigne est sévère, car au jardin des Tuileries, comme dans certains bals de société, *une mise décente est de rigueur*. Ces sentinelles incorruptibles arrêtent au passage les casquettes, les vestes, les paquets et les chiens qui ne justifient pas de leurs moyens d'existence, c'est-à-dire qui ne sont pas tenus en laisse par leurs maîtres.

C'est au mois de novembre que commence le printemps de la terrasse des Feuillants : les premiers promeneurs arrivent sur la terrasse en même temps qu'au théâtre Favart arrivent les Italiens, ces véritables hirondelles d'hiver. Rien de varié comme le coup d'œil qu'offre cette promenade par une belle journée d'hiver, lorsque les rayons du soleil, parvenant à percer l'enveloppe du brouillard qui couvre le ciel de Paris, viennent dorer les grilles des Tuileries. Les nombreux et brillants équipages encombrent la rue de Rivoli; les chasseurs aux plumes vertes et ondoyantes abaissent le marchepied sur lequel s'appuie à peine le pied mignon de la Parisienne. C'est alors que la terrasse des Feuillants est le lieu de rendez-vous non-seulement de tout Paris fashionable, mais même de toute l'Europe élégante. A côté de la mélancolique Anglaise aux yeux bleus, à la peau blanche et rose, aux longues boucles soyeuses qui encadrent un de ces charmants visages comme aimait à les reproduire le pinceau de Lawrence , on aperçoit l'Espagnole à l'œil noir , au pied mignon , à la chevelure d'ébène, au teint doré par le chaud soleil de Madrid ou de Grenade ; puis arrive une blonde Allemande , que suit une Italienne aux charmantes épaules; plus loin , vous rencontrez la Polonaise proscrite près de la Russe orgueilleuse , et la fraîche Hollandaise près de la pâle , nonchalante et toujours gracieuse créole.

Dès qu'arrivent les premiers jours du printemps; dès que les tilleuls laissent entrevoir leurs jeunes feuilles verdoyantes , toute cette foule élégante descend les escaliers de la terrasse, et les petits pieds mignons et les bottes vernies viennent fouler le sable de *l'allée des Orangers* ou *de l'allée du Printemps*, deux noms charmants, n'est-ce pas , et bien faits pour attirer les jolies promeneuses, et par conséquent les flaneurs parmi lesquels se distingue le flaneur artiste, flaneur solitaire qu'on voit étendu nonchalamment sur deux, trois ou quatre chai-

ses, riant dans sa barbe et lorgnant impitoya-
blement tous les ridicules dont il se souvien-

dra en temps opportun. C'est tout près de
l'allée du Printemps, à l'angle du petit jardin
du roi de Rome, que se trouve cet arbre singulier qui le premier, et long-temps avant les autres, annonce le printemps aux habitants de
Paris; jamais le vingt du mois de mars n'arrive
sans que ce marronnier, surnommé l'*arbre* du
20 *mars*, n'étale ses feuilles vertes aux pre-

miers et faibles rayons du soleil printanier. Alor
les charmants enfants des Tuileries viennent former une ronde joyeuse autour de leur arbre
favori, et, leurs petites mains entrelacées, ils tour-
nent en chantant une de ces chansons tradition-
nelles de notre enfance. Les promeneurs, atti-
rés par les éclats de leur joie naïve, viennent
aussi lever les yeux vers les feuilles qui s'entr'ouvrent, et saluent avec joie ces premiers
messagers du printemps.

En nous rendant près de l'arbre du 20 mars,
nous avons passé devant un bon nombre de sta-
tues, et comme moi sans doute vous avez remarqué que presque toutes sont dans une pudi-
que nudité. En un siècle comme le nôtre où le
plus mince romancier prétend *moraliser les
masses*, il est assez singulier que l'on ne trouve
rien de mieux à exposer aux premiers regards
de nos jeunes filles que des Hercule ou des
Apollon, qui n'ont pour tout costume qu'un
arc ou un javelot

Nous voici dans la grande avenue, et la
grande avenue des Tuileries semble être encore
à cent lieues de la terrasse des Feuillants; le promeneur de la grande avenue est généralement
simple soldat, et soldat *simple* à la 1re du 2e,

du 25ᵉ ou de tout autre régiment : les jours où
il ne monte pas la garde pour la patrie, le militaire français vient aussi faire son tour aux Tuileries. En société de deux ou trois amis, il se
promène gravement en partant du pied gauche,
le schako légèrement incliné en arrière, les mains
derrière le dos à l'instar de Napoléon et une
petite branche verte dans la bouche, ce qui n'est
plus à l'instar de Napoléon. Le guerrier français affectionne la grande avenue par deux raisons : par ce qu'il aime la gloire et l'amour, et
il trouve l'amour et la gloire dans la grande
avenue ; la gloire lui apparaît au loin sous la
forme de l'arc de triomphe de l'Etoile, et l'amour
est tout près sous le simple costume de bonne
d'enfant. Les bancs de la grande avenue ont
été les témoins de plus d'un tendre aveu , plus
d'un *Antony* à la tête brûlante et au casque
de cuir bouilli a fasciné le cœur d'une faible
femme; bien certainement c'est dans la grande
avenue des Tuileries que Charlet, caché derrière un arbre, aura croqué cette célèbre décla-
ration d'amour commençant par ces mots : *J'ai
lu, mademoiselle, dans les papiers publics que nous étions réduits à trois ba-
taillons !*

Il n'y a rien de séducteur comme le Français en général, et le guerrier français en particulier; heureusement, bien heureusement pour la morale publique, l'entrée des Tuileries est interdite aux marchands de coco, boisson nationale, et première séduction d'un brûlant amour; sans cela, comme l'a fort bien dit Brutus, la vertu des bonnes d'enfants ne serait qu'un vain mot!

Pour achever de faire connaissance avec les Tuileries, il ne nous reste plus qu'à visiter la *Petite Provence*, ce lieu de prédilection de l'enfance et de la vieillesse, ces deux âges qui ont si besoin du soleil; mais nous sommes arrivé trop tard pour jouir du coup d'œil qu'offre cette partie du jardin. La nuit s'approche, le tambour de la retraite a sonné, la grille n'attend plus, pour se refermer sur les promeneurs congédiés, que la sortie des cinquante ou soixante promeneurs qui sont arrivés dans les Tuileries dès le lever du soleil, et qui n'en sortent qu'après le coucher du même astre!

Nous voulons parler des infortunés débiteurs, qui sont venus chercher dans le jardin royal un refuge inviolable contre les poursuites des gardes de commerce! Quand les Tuileries sont fermées, le flaneur se jette dans les Champs-Elysées qui lui offrent une foule d'autres distractions, depuis le théâtre du Cirque-Olympique jusqu'au théâtre de Polichinelle !

Il étudie avec une persévérance digne d'éloges les deux longues lignes de gaz qui conduisent à l'arc de triomphe de l'Étoile ; parfois même, entraîné par ses méditations poétiques et gaziformes, il se trouve à l'entrée du bois de Boulogne : heureusement que la Charte de 1830 prohibe essentiellement les promenades nocturnes, sans cela notre flaneur s'en irait ainsi jusqu'à Saint-Cloud ; pour se consoler il se rejette de nouveau dans les Champs-Élysées qui, à cette heure, lui offrent tous les charmes de la solitude, de rares patrouilles de municipaux, et de fréquentes rencontres d'industriels de grand chemin.

Aussi, rappelé cette fois à la réalité qui peut à chaque instant se présenter à lui sous la forme d'un gourdin beaucoup trop noueux, il ne respire librement que quand il contemple l'obélisque et le tourlourou qui défend nuit et jour la grande borne égyptienne contre les amateurs fanatiques qui seraient tentés de l'emporter, car l'aiguille de Luxor a plus que

tout autre monument le privilége d'exciter
l'admiration du badaud archéologique, qui à

toute force veut expliquer ou se faire expliquer les hiéroglyphes plus ou moins égyptiens qui font la joie de M. Raoul Rochette.

Puis, quand les jambes commencent à refuser leur service et menacent de se dérober sous le flaneur qui en a fait un usage trop prolongé, tous les plaisirs ne sont pas encore finis ; grâce aux cafés en plein vent ou pour huit sous, le flaneur se procure l'agrément d'une chaise, d'une table, d'une bouteille de bière et de deux chanteuses ; ou bien il *honore de sa présence* le cirque des Champs-Élysées, car *Favori*, *Partisan*, *Capitaine*, tous les chevaux sauteurs, gastronomes ou savants, sont les amis naturels du flaneur qui connaît par son nom le personnel entier de Franconi, depuis Baucher, Auriol et les clowns, jusqu'au moucheur de quinquets.

CHAPITRE XV.

Conseils à l'usage des Flaneurs novices.

oulez-vous faire une simple promenade, — sortez avec un ami.

Tenez-vous à flaner, — sortez seul. Oreste et Pylade, Castor et Pollux, St-Roch et son chien, — vingt autres personnages, plus ou moins historiques, dont l'amitié est célèbre dans l'histoire, ne seraient jamais parvenus à flaner en paix pendant huit jours de suite.

8

Vous aimez Polichinelle,

pendant que votre ami n'affectionne que les boutiques de marchandes de modes ; — vous resteriez deux heures devant les caricatures d'Aubert, tandis que votre compagnon n'aime à regarder que les statuettes de chez Susse ; — vous voudriez suivre une simple grisette, pendant que votre coflaneur vous ferait écraser, ou, pis que cela, éclabousser par la voiture d'une grande dame qu'il aurait voulu admirer de trop près.

Pendant que l'un tirerait à droite, l'autre tirerait à gauche; et une flanerie pareille serait capable d'user en moins de rien l'amitié la plus grande et les manches d'habit les plus solides.

S'il est déraisonnable de flaner en compagnie d'un ami, il est impossible de flaner en compagnie de plusieurs amis : la flanerie n'est plus qu'une rapide promenade.

Les flaneries faites en compagnie d'une femme sont encore bien plus à éviter.

— Comment! même avec une jolie femme? me dites-vous.

— Oui, monsieur ; et surtout avec une jolie femme !

Car les femmes ne comprennent les flaneries et les stations que devant les chapeaux des marchandes de modes et les bonnets des lingères, — à moins pourtant que ce ne soit devant les cachemires et autres bagatelles, dont l'aspect seul donne le frisson à tout mari, ou à tout autre jeune Français exerçant un emploi à peu près analogue.

Quand on conduit sa femme ou sa maîtresse aux Tuileries ou au spectacle, ce qu'il y a de plus économique c'est de prendre une voiture.

Le malheureux qui veut faire cette économie de trente-deux sous court risque de payer en place un chapeau de trente-deux francs, — ou de passer pour un avare, ou pour un être masculin bien peu galant. — Et alors le risque est encore bien plus effrayant pour l'avenir; — c'est à en faire dresser les cheveux sur... le front! C'est à en rêver séparation de corps, juges, avocats, avoués ;

c'est à en avoir le cauchemar.

Si vous êtes obligé de flaner avec un importun, qui s'est attaché à vos pas et à votre bras, — en attendant que vous ayez trouvé un motif quelconque pour vous en débarrasser, ayez toujours soin de lui offrir le bras de manière à ce que vous gardiez vous-même le côté du trottoir le plus rapproché des boutiques ; — vous aurez l'air de faire une politesse à votre co-flaneur, qui vous garantira parfaitement de toutes les éclaboussures des cabriolets et omnibus : — il vous aura du moins servi à cela.

Si vous tenez absolument à vous débarrasser d'un de ces importuns que l'on rencontre à presque tous les coins de rue, — amis intimes dont on sait à peu près le nom. — A l'éternelle question qu'il ne manquera pas de vous adresser, en vous prenant le bras, question qui est celle-ci : — *Où allez-vous ?* répondez : — *Je vais chercher de l'argent chez plusieurs personnes qui m'en doivent, je n'ai plus le sou.*

Vous pouvez être certain que votre ami, fût-il même le plus intime, vous quittera immédiatement, de crainte que vous n'ayez l'idée de lui emprunter cinq francs.

Le flaneur qui a pour principe d'aller toujours tout droit devant lui est digne tout au plus de devenir un jour cocher d'omnibus, — et encore sur la ligne des boulevards.

L'homme qui sort de chez lui à dix heures du matin, en se promettant de flaner jusqu'au soir, doit plutôt se dire qu'il va s'ennuyer jusqu'au soir — ou qu'il va ennuyer ses amis;

le plus grand charme de la flanerie c'est d'ê-tre imprévue; et le flaneur qui goûte le plus de plaisirs est celui qui sort de chez lui pour aller à un rendez-vous d'affaires ou qui est toujours sous le coup d'un travail quelconque.

Voyez plutôt les petits clercs d'avoués et les employés dans les bureaux, qui trouvent moyen de mettre trois heures pour faire une course qui demanderait dix minutes au commissionnaire du coin.

Pour peu que vous teniez à votre foulard, à votre montre, à vos pans d'habit et à vos côtes, ne vous fourrez jamais dans la foule qui encombre les abords d'un feu d'artifice.

Par les mêmes raisons que ci-dessus, ne vous risquez jamais dans le passage des Panoramas le jour du Mardi-Gras.

Si vous avez la vue basse, gardez-vous bien de lorgner jamais une vieille femme ou un sergent de ville. — D'abord ce sont des points de vue fort désagréables ; — ensuite ces deux classes, pour lesquelles je professe beaucoup de vénération du reste, — croient toujours qu'on veut les insulter ; et rien n'est plus dangereux que la colère d'une vieille femme, si ce n'est celle d'un sergent de ville.

Si vous avez la faiblesse d'aller régler votre montre sur le coup de canon du Palais-Royal, méfiez-vous des gens qui s'approchent de vous sous le prétexte de régler aussi leur montre sur la vôtre ; — car très-souvent il arrive que c'est la vôtre qui finit par aller avec la leur. Heureux si votre bourse ne s'est pas dérangée du même coup.

A moins de vous prendre pour un jobard pur sang, je n'ai pas besoin de vous recommander de ne jamais acheter les lunettes en or ou autres bijoux qu'un monsieur vient de trouver à l'instant dans la rue, et qu'il vous propose à vil prix. — Si vous donnez cent sous, vous êtes volé de cinq francs.

Il vaut bien mieux acheter cinq exemplaires de la *Physiologie du Flaneur.*

Terminons par quelques remarques et aphorismes de notre ami Ch. Philipon, qui connaît la flanerie pour l'avoir long-temps pratiquée :

L'homme affairé regarde sans voir, — l'oisif voit sans regarder, — le flaneur voit et regarde.

Ne flane pas ou ne sait pas flaner, celui qui marche vite, — celui qui bâille dans la rue, — celui qui passe à côté d'une jolie femme sans la regarder, devant un étalage ou près d'un saltimbanque sans s'arrêter.

Le vrai flaneur a le droit d'ignorer le grec,

le latin, les mathématiques et les autres super-
fluités scientifiques ; mais il doit connaître toutes les rues, toutes les boutiques de Paris,
savoir au juste quelle est la plus jolie chapelière,
modiste, charcutière, limonadière, etc., etc.
Il doit être parfaitement au fait de tous les tours
de passe-passe des prestidigitateurs, escamo-
teurs, banquistes, marchands de chaînes de
sûreté, etc., etc. Il doit savoir par cœur toutes
les affiches de la capitale, celles des docteurs
Albert et Giraudeau, médecins brevetés pour
les traitements sans mercure et sans guérison ;
—celles de M. Leperdriel, breveté pour les
taffetas et les petits pois ; — celles de M. Darbo,
nourrisseur, breveté pour sa tétine, etc., etc.
Il doit connaître tout cela et bien d'autres choses encore, car il devient polyglotte par la seule
pratique de la flanerie : à force de lire sur les
carreaux des marchands

ENGLISH SPOKEN HERE,

ou bien

QUI SI PARLA ITALIANO,

il prend une teinture de l'anglais et de l'italien, et comme il n'a pas la prétention de tra-

duire Shakspeare ou le Dante, il s'en tient
là ; mais ce qui vaut mieux, il connaît toutes
les beautés de sa langue maternelle, il comprend
le charabias politique, —il *maquille le truc* (1)
des filous et ne les laisse pas *effaroucher* (2)
sa *toquante* (3) ; la langue des galopins, la
belle langue des *nuche, mache, mar*, n'a
point de mystère-*muche* pour un flane-*mar*,—
et si le cocher de coucou dit, en parlant de lui,
à son camarade(4) : « Ce Lobard-j me lonne-d
« lent-c sous de lop-tr, » il comprend qu'il
vient de commettre une erreur arithmétique.

Vous voyez bien que le flaneur a l'esprit fort
cultivé : aussi n'est-il pas un sot.

Le sot se promène, il ne flane jamais.

L'homme bête flane quelquefois, —l'homme
d'esprit flane souvent.

Le vrai flaneur va dans un sens jusqu'à ce
qu'une voiture qui passe devant lui, un embar-
ras quelconque, un étalage qui fait le coin

(1) Il parle l'argot.
(2) Voler.
(3) Sa montre.
(4) Cette charmante phrase se prononce ainsi : *Ce
Lobarji me lonnedé lentcé sous de loptre*, et signifie : Ce
Jobard me donne cent sous de trop.

d'une rue, une poussée, un coup de coude lui imprime une autre direction. D'accident en accident, de poussée en poussée, il va , vient , revient et se retrouve ou très-près ou très-loin de chez lui , suivant la volonté du hasard.

Tel flaneur sort de sa maison pour prendre l'air avant le déjeuner, qui, le soir, se trouve chez un de ses amis à Vincennes. — Il y couche, se remet en route le lendemain matin, et arrive pour dîner.... chez un ami de Vaugirard.

L'homme qui, se promenant avec plusieurs personnes, s'imagine flaner, est un niais : on ne flane que seul ou en compagnie d'un autre flaneur, au plus. — On ne flane que hors de chez soi, — l'homme qui croit flaner dans sa maison se trompe , il ne fait que muser.

Le musard est celui qui dit : « Je m'en vais, je m'en vais,» et qui retient toujours son interlocuteur par un bouton de son habit.

Le musard babille et ne pense guère , le flaneur pense beaucoup et parle peu.

Le musard est le singe du flaneur, il en est la caricature et semble fait pour inspirer le dégoût de la flanerie.

Quand j'aurai quitté les affaires , dit le naïf

épicier, je serai joliment flaneur, et le pauvre
épicier se retire un jour du commerce, tue le
temps à grand'peine, mais reste Gros-Jean
comme devant.

C'est que, pour flaner, il faut un fonds, une
richesse que la vente du raisin sec, de la chan-
delle et des paquets de ficelle ne saurait donner.

Le véritable flaneur ne s'ennuie jamais, il
se suffit à lui-même et trouve dans tout ce
qu'il rencontre un aliment à son intelligence.

Voyez, par exemple, un honnête épicier arrêté
devant une boutique, quelle idée cette étoffe
nouvelle va-t-elle éveiller dans sa tête ? — Ceci
est joli — ou cela n'est pas beau, — une robe
semblable plairait à ma femme ou ne lui plairait pas : cela dit ou pensé, notre homme passe.
Un flaneur survient, et il s'arrête deux heures
devant le même objet. Pourquoi ? C'est qu'il
voit dans cette même étoffe bien d'autres sujets
de réflexion que son naïf prédécesseur ! Il contemple l'aspect général du dessin, l'effet de la
couleur, le mariage des tons qui composent
l'ensemble ; — il voit dans le goût de ce dessin
une direction nouvelle, ou un retour au goût
d'une autre époque ; son esprit abandonne

l'étalage du marchand , remonte au producteur , se reporte aux moyens de la fabrication, passe en revue les débouchés de la fabrique et suit le manufacturier sur les places de Leipsig , de Londres et de Saint-Pétersbourg ; enfin , le même morceau d'étoffe lui présente mille sujets de réflexion, que l'autre spectateur n'avait pas même soupçonnés , et lui fournit l'occasion d'un long voyage dans le monde imaginaire , le monde brillant, le meilleur et surtout le plus beau des mondes possibles.

De tout ce qui est dit ici et de tout ce qui en est la conséquence logique , il résulte que celui-là ne mérite pas le beau nom de flaneur, qui ne possède pas les qualités suivantes :

De la gaieté dans l'occasion ,

De la réflexion au besoin ,

De l'observation toujours,

Quelque peu d'originalité ,

Un esprit mobile ,

Plus ou moins d'instruction ,

Et surtout une conscience qui le laisse en repos.

Comment s'étonner, après cela, que tant de gens veuillent être flaneurs quand même ! Chacun cherche à s'habiller le mieux possible et à cacher ses imperfections ; chacun travestit ses vices en vertus, et veut être plus ou moins flaneur.

Demandez à ce paresseux pourquoi il ne travaille pas, — à cet artiste incomplet pourquoi il ne termine jamais un tableau, — à ce benêt qui bâille aux corneilles ce qu'il fait dans la rue, — ils vous répondront tous : nous flanons.

Arrière !

Vous, flaneurs ! j'aimerais mieux encore appeler flaneur l'agent de police consigné sur le trottoir, — l'homme-affiche qui circule sur les places publiques, le conducteur d'omnibus qui passe 14 heures sur 24 à aller et venir sur la même ligne, ou même le factionnaire qui baguenaude devant sa guérite.

TABLE.

CHAPITRE Ier. — Nouvelle définition de l'homme.   1

CHAPITRE II. — Est-il donné à tout le monde de pouvoir flaner ?   10

CHAPITRE III. — Des gens qui s'intitulent très-faussement flaneurs.   16

CHAPITRE IV. — Où l'on prouve que le flaneur est un mortel essentiellement vertueux.   24

CHAPITRE V. — Le musard.   32

CHAPITRE VI. — Le badaud étranger.   39

CHAPITRE VII. — Le batteur de pavé.   46

CHAPITRE VIII. — Le parfait flaneur.   53

CHAPITRE IX. — Le flaneur militaire.   60

CHAPITRE X. — Le gamin de Paris.   68

CHAPITRE XI. — Les petits bonheurs de la flanerie.   75

CHAPITRE XII. — Les petits malheurs de la flanerie.   83

CHAPITRE XIII. — Les quais et les passages.   93

CHAPITRE XIV. — Les quais, les Tuileries et les Champs-Élysées.   100

CHAPITRE XV. — Conseils à l'usage des flaneurs novices.   113

FIN.

LAVATER, LA PHYSIOGNOMONIE,

OU

L'ART DE CONNAITRE LES HOMMES

D'APRÈS

les traits de leur physionomie,
leurs vertus, leurs vices, leurs rapports avec
les divers animaux, etc.

TRADUCTION NOUVELLE

PAR H. BACHARACH,

Professeur d'allemand aux Écoles des Ponts-et-Chaussées,
des Mines, etc.

1 superbe volume grand in-8° sur papier jésus,
vélin, imprimé à 2 col. et orné de 120 planches,
représentant 700 figures gravées. Cartonné.

PRIX : 24 FR.

www.ingramcontent.com/pod-product-compliance
Lightning Source LLC
Chambersburg PA
CBHW051737090426
42738CB00010B/2297